Als ich dich, traf begann ich zu schreiben

Ich begann zu schreiben, als ich dich traf

Als ich dich sah, begann das Leiden

Das Leiden begann, als ich dich sah

Wegen dir entwarf ich diese Zeilen

Du bist der Grund, warum ich diese Zeilen entwarf

Wenn ich sie las, fing ich an zu weinen

Ich weinte immer dann, wenn ich sie las

Dein Ich verlangte so viele Seiten

So viele Seiten verlangtest du von mir

So trank ich aus meinen Träumen

Für diese Träume dank ich dir.

©2016 tredition GmbH

Autor: René G.

Verlag: tredition GmbH, Hamburg

ISBN: 978-3-7345-7147-3 (Paperback)

                                    978-3-7345-7148-0 (Hardcover)

                                    978-3-7345-7149-7 (e-Book)

Printed in Germany

Bibliografische Information der Deutschen Nationalbibliothek:

Die Deutsche Nationalbibliothek verzeichnet diese Publikation in der Deutschen Nationalbibliografie; detaillierte bibliografische Daten sind im Internet über http://dnb.d-nb.de abrufbaba

Inhaltsverzeichnis

Es war das Jahr 2015, der Herbst stand vor der Tür, und mir ging es von Tag zu Tag schlechter. Mit dem Laub fielen nicht nur die Blätter zu Boden, sondern auch zunehmend meine Stimmung. Mit Sicherheit kam der erneute Aufenthalt in einer Klinik nicht überraschend, es hatte sich sogar mehrere Wochen vorher angekündigt, dennoch traf es mich vollkommen unvorbereitet. Sofern man sich überhaupt darauf vorbereiten kann. Vor allem die Wucht und die Stärke einer Depression hatten mich völlig überrascht. Man kann sagen, dass ich die Krankheit unterschätzt habe. Bis dahin wusste ich nicht, was es bedeutet, die Kontrolle über sich selbst zu verlieren, nicht zu wissen, was mit einem passiert, nun jetzt weiß ich es. Man sagt, dass man ein gewisses Maß an Leid in seinem Leben durchzustehen hat, man sagt, dass sich in jedem von uns, irgendwann die Schattenseite des Lebens zeigen wird, man sagt aber auch, dass in allem ein tieferer Sinn steckt und damit einem höheren Zweck dient. Zumindest hoffe ich das, damit nicht alles vollkommen umsonst war. Es gibt nichts Schlimmeres, als eine Zeit voller Entbehrungen, ohne am Ende sagen zu können: „Es war besser so, dass es passiert ist." Vielleicht war ich nicht mehr in der Lage, meine bestehende Beziehung so weiter zu führen oder zu halten. Vielleicht war alles nur ein Hilferuf, weil mir alles über den Kopf gewachsen war. Vielleicht .

Aber was auch immer mich innerlich so berührte, wollte sich zeigen, denn die Seele findet immer einen Weg sich mitzuteilen sei es körperlich oder durch die abtrünnigen Schichten unserer Psyche. Es war auf jeden Fall die schwierigste und traurigste Zeit meines Lebens, zumindest bis dahin. Ich war so verzweifelt, dass ich mehr als nur einmal an mein Ableben gedacht habe und vielleicht sogar daran dachte, diesem in irgendeiner Art und Weise nachzuhelfen. Ich will gar nicht aufzählen, wie oft der Tod mich anlächelte und meine Tabletten dabei verführerisch nach mir riefen. Was mich letztendlich immer wieder davon abhielt, weiß ich nicht. War es meine Tochter, die Überzeugung, dass alles irgendwann besser wird oder einfach nur die Angst, beim Erwachen als Versager zu gelten? Nun ich bin froh, dass meine Schranktür und somit auch der Tod vor mir verschlossen blieb. Heute kann ich behaupten, dass es die beste Entscheidung meines Lebens war, einfach eine Weile zu warten, auf den Tag, an dem es einem wieder besser geht. Es hat zwar lange gedauert und es hat mich mehr als nur Geduld gekostet, aber der Tag kam. Und es hat sich gelohnt, auf ihn zu warten.

Leider war mein Zustand der seelischen Erschöpfung einhergehend mit einer anderen eigentlich weniger gefährlichen Psychose namens Liebe.

Es war ein Zufall, dass ich sie traf, sie war einfach da, von heute auf morgen. Sie saß auf einem Stuhl, verunsichert, geschunden und hilflos, so wie wir alle. Es ging alles so schnell, so dass ich mich heute frage, ob ich wirklich verliebt war oder einfach nur Angst, vor dem Allein sein hatte. Wahrscheinlich war es ein Zusammenspiel aus beiden, allerdings war es womöglich die Angst, die dafür sorgte, dass die Gefühle teilweise unerträglich wurden. Denn Liebe verlangt eben Geduld, doch Angst lässt dafür nun einmal keinen Spielraum.

Wir sahen uns jeden Tag, selbst dann, als sie die Station verließ und auf eine neue wechselte. Sie fehlte mir, sobald sie den Raum verließ. Und der Tag begann erst in dem Moment, als wir uns wiedersahen. Wir verstanden uns so gut, dass ich in ihr einen Neuanfang sah, das Leben danach oder einfach nur die Hoffnung. Ich fing an, Gedichte für sie zu schreiben, mein Ziel war es ihr aufzuzeigen dass sie jemand Besonderes ist, jemand Einzigartiges, was sie für mich auch war, ihr damit Kraft zu geben und sie damit aufzubauen. Denn das Selbstwertgefühl ist der Teil unserer Seele, der unter der Last der depressiven Phase am stärksten zu leiden hat.

Sie weckte so viel Kreativität in mir, ähnlich einer Muse, dass ich einer Art Schreibsucht verfiel, mit der Hoffnung vielleicht irgendwann ihr Herz damit zu gewinnen. Doch obwohl ich so viel Herzblut in meine Gedichte legte, gestand sie mir nach einer gewissen Zeit, dass sie meine Gefühle nicht teile, und so wurde aus einem brüchigen Haus nun eine Ruine.

Ich habe das Schreiben danach nicht aufgegeben und versucht über die jeweiligen Abschnitte des vergangenen Jahres jeweils ein Gedicht zu verfassen. Andere schreiben Tagebücher oder Erzählungen, für meinen Teil kann ich behaupten, mein Glück in der Lyrik gefunden zu haben. Natürlich habe ich auch versucht das Geschehene aufzuarbeiten, aber mir war es wichtiger, meinem ganzen Schmerz, all der Traurigkeit, dem Kummer, aber auch der hin und wieder aufkommenden Freude einen Ausdruck zu verleihen.

Ob es mir gelingt, Menschen in meine Gefühlwelt hineinzuversetzen, so dass man mich vielleicht versteht, vermag ich nicht zu beantworten, aber ich hoffe, dass es mir gelingt. Was mich angeht, musste ich mich leider der Erfahrung hingeben, dass Depressionen zusammen mit unerwiderter Liebe eine Aufgabe in sich birgt, die nur sehr schwer zu bewältigen ist.

Heute, so ziemlich ein Jahr danach, habe ich mich dazu entschlossen, meine Gedichte zu veröffentlichen auch um zu zeigen, wie weit Glück und Unheil voneinander entfernt liegen. Wie verzweifelt man ist und wie beherrschend Gefühle und Ängste sein können, gebettet in eine Krankheit namens Depression. Nun geht es mir noch nicht wirklich gut, aber ich sehe wieder ein Licht am Ende des Tunnels. Mein erster Schritt zur Linderung meines Leides war leider die Beendigung meiner Beziehung zu ihr, in welchem Verhältnis wir auch immer zu einander standen.

Es ist schade, dass man seine Gefühle nicht so weit unterdrücken kann, dass man zumindest in Freundschaft miteinander verbleibt, aber wir sind nun einmal Menschen und keine Maschinen.

Natürlich hegt sich der Wunsch sie irgendwann noch einmal wieder zu sehen, aber ich denke nicht, dass das passieren wird. Denn in dem Moment, als ich wollte, dass sie geht, wusste ich, dass es endgültig sein wird, dafür habe ich leider gesorgt.

So verbleibt mir zumindest dieses Buch, denn irgendwo zwischen all dem Leid und dem Kummer verbergen sich wunderschöne Erinnerungen, die ich gerne behalten möchte. Denn egal, wer dich verlässt und egal wie oft das passiert, eines kann dir keiner nehmen, deine Erinnerungen ...

Die Vergänglichkeit

Es ist wie eine Geige, die einem die Einsamkeit
vorspielt
Das Schicksal einem das Notenblatt des Vergänglichen
vorhielt
Im irdischen Sein die Traurigkeit berührt
Mit den Jahren der Erfahrung die Hoffnungslosigkeit
verführt
Nichts ist endlos, alles geht entzwei
Wie im Fenster eines Zuges fährt das Leben an einem
vorbei
So viele Menschen ein kurzes Stück im Leben begleiten
Um im nächsten Moment geliebt und unvergessen
davonzureiten.
In deinen Träumen gehst du weiter jeden Abend mit
ihnen spazieren
Denn dein Herz will sie eigentlich nicht verlieren
Du willst noch immer mit ihnen am Lagerfeuer sitzen
Die Namen in die Bäume ritzen
Dich in den Augenblick des besonderen
Zusammenhalts begeben
Die Stimmung und die Pointen an jenen Tagen noch
einmal erleben
Im Zug des Lebens geschahen so viele wunderschöne
Dinge
Die Geburt deines Kindes, das Tauschen der Ringe

Die erste Liebe, der erste Kummer, Probleme sich
zurecht zu finden
Der erste Kuss im Frühling unter den blühenden
Linden
Alles unterlegt mit der in den Tagen spielenden Musik
Alles vervollkommnend zum bestehenden Glück
So schaltet man dann am Tage das Radio ein
Hörend bringen einem die alten Lieder dann zum
Lachen oder auch zum Weinen
Manche Gefühle aufgenommen auf Videoband
Sucht man nach der Antwort, warum alles ein jähes
Ende fand
Die Frage lautet: Muss sich alles an ein Ende binden
Um die Zeit als etwas Außergewöhnliches
nachzuempfinden?
Behält man den Alltag, die Langeweile in seinem Kopf
Oder eine schon längst vergangene Erinnerung,
abgelegt an jenem wunderbaren Ort
Wo man sich immer wieder hinbeliebt
Und der Sehnsucht einen Namen gibt?
Jeder Abschluss birgt auch einen Anfang in sich
Die Geschichten übergreifend mit einer Pause
sicherlich
Finden fühlbar endlos statt
Wie ein Autor, der den Schluss der Schrift vergessen
hat

Keine Angst, das Leben wird sich verändernd weiter
gehen
Der Sinn des Lebens bleibt für immer bestehen
Und wenn am Übergang zum Tode
Dein Leben sich noch einmal in deinen Augen abspielt
Wie ein Drama, das dir in deinem Wirken selbst gefiel
Bei dem der Regisseur das Vergangene in Akte einteilt
Erst dann begreifst du die Vergänglichkeit.

Du fehlst mir

Jede Nacht, in der ich träume, bewegst du dich ein
Stück weg von meinen Gefühlen
Jeden Tag, an dem ich lebe, verschwindet ein Bild in
meiner Erinnerung von dir
Die Lieder, die wir hörten, verstummen mit deinem
Vergessen
Sie haben dich nachdenklich gemacht und abgelenkt
Waren mir näher als Worte, sie ließen mich dich
ansehen, auch ohne zu sprechen
Ich will nicht, dass du gehst und Lebewohl sagst
Ich will, dass du bleibst und mich nach meinem Leben
fragst
Ich weiß, dass es nicht die Silben der Feigheit sind mit
denen du sprichst
Weil du dich meiner nicht erbarmst
Sondern du willst dich nicht binden, weil deine
gebrochene Seele sich ein Versprechen gab
Und das schon vor vielen vielen Jahren
Doch dann las mich endlich gehen und nicht mehr an
dich denken
Verhülle meine Gedanken und vermag sie mir als
Freiheit schenken
Ich will nicht der Sklave sein, den ich dir beschreibe
Dich zu Begehren auch wenn ich jeden Tag leide
So hebe ich dich an und schwebe mit dir

Ich trage dich auf einer Bahre aus Seide und du spielst
nur mit mir
Das Gestell habe ich aus Ebenholz geschlagen, nur für
dein Glück
Die Frage ist immer dieselbe; Warum nur, mein Herz,
liebst du mich nicht?
So stahl ich die Früchte in den hängenden Gärten von
Babylon
Dessen wütenden Wächtern ich nur in der Finsternis
des Mondes entkam
Den süßen Saft, den ich daraus presste, dir in einem
Becher zu trinken gab
Mit der falschen Hoffnung, dass du dich mir hingibst
und meinem Inneren erlagst
So stillte ich deinen Durst auf meiner Trage und
bettete dich ein, in ein Tuch, das ich aus 1000 Seiten
nähte
Die ich schrieb, seit ich ein Junge war
Wo von Beginn an der Bote der Liebe mir wieder und
wieder seine Pfeile verwehrte
Angekommen in deiner Pyramide, balsamiertest du
mich mit Unsterblichkeit ein
Oh Pharaonin, schließe uns beide in deine Gruft und
lass mich nie wieder allein
Mögen sie uns entdecken, in einer Sammlung
aufgebahrt

Auf ewig miteinander verbunden in einer Vitrine aus
unzerbrechlichem Glas
Du fehlst mir und meine Sehnsucht spricht jeden Tag
aufs Neue von dir
Ich brauche dich
So wie das Wasser, das als Nebel aufsteigt und über
den Bergen den Ozean vermisst
Zugegen von Strömen und Bächen von großer
Heimweh spricht
Ihm fehlt die Tiefe der Stille und die Kälte der See
Wo außer den Gesängen der Wale niemand seine
falsche Stimme erhebt
Die Bewohner der Meere verlangt es keiner Sprache,
um sich miteinander zu binden
Die Sorgen der Liebe wird man hier unten nicht finden
Es mag langweilig klingen
Doch nach vielen Gezeiten vermag man es zu schätzen
So mögen einen die Worte der Ablehnung niemals
verletzen
Nur sollte ein Schiff kentern und mit ihren untergehen
Der Schlund der Meere sich öffnen, und mit sich zwei
versprochene Seelen nach unten ziehen
Dann schau genau hin, denn dann wird man für einen
kurzen Augenblick, die Blaue Lagune unter dem
Meeresspiegel sehen.
Ihr letzter Gedanke sollte nicht dem Tode gelten als
der Strudel sie nach unten zog

Sondern sich gefunden zu haben, sein Ebenbild zu
halten
Sie in ewiger Verbundenheit auf dem Grund des
Meeres unter dem Sand verschwanden
Rettet ihre Seelen und sollte wieder ein Schiff sinken
Dann haltet ein Platz im Beiboot für mich frei und
rettet auch mich vor dem Ertrinken.

Wenn immer du ansiehst

Wo immer du hingehst
Werde ich ein Teil von dir bleiben
Wenn immer du ansiehst, werden mir seine Augen
deine zeigen
Und wenn der Frühling dich umarmt, werde ich
darüber Gedichte schreiben
Sollte dein Herz trauern, sammeln meine Hände deine
Tränen
Und damit deine Augen nicht trocknen, werde ich
ihnen einfach Wasser geben
In deinem Kummer werden meine Arme und meine
Schultern dich trösten
Und wenn du willst, bleib ich bei dir
Damit du nicht alleine bist, in einem Moment, wo nur
die Geborgenheit zählt
Ich will einfach nur neben dir liegen und jemand sein,
der deine zarten Hände hält
Stell dir vor, wie der Regen deine Haut berührt
Die Tropfen an deinem Körper hinuntergleiten
Und du wie in Wahrheit meine weit entfernten Hände
spürst
Die feuchte Luft sind meine Lippen, die sich mit
deinem Mund vereinen

Sie sind angespannt und erwarten meinen Kuss, weil
sie sich schon so lange Zeit auf die Zärtlichkeit eines
anderen freuen
Bereise deine Träume und finde die Insel, auf der dein
Frieden und die Hoffnung lebt
Die Sterne werden dich begleiten,
Und wenn ich dich vermisse, sehe ich zum Himmel
Und da wo sie hell leuchten
Ist der Ort, wo du zu dir selbst findest, und das Licht
dir den Weg zeigt
Ein wenig später wirst du mich fragen, ob ich mit dir
geh
Damit du die Meere nicht alleine bereist
Zusammen werden wir in einem Boot die kalte See der
Erinnerung besegeln
Wo bei der Überfahrt ein schweres Gewitter aufzieht
und die Zukunft dann zum letzten Mal den Sorgen
begegnet
Und das Leid an einer unsichtbaren Mauer zerschellt
Du bist ab heute ein neuer Mensch und außer meiner
Liebe zu dir alles in Staub und Schatten zerfällt
Deine Peinigungen werden die Wellen im Sturm
zurück zum Ufer tragen
Wo sie Schiffbruch erleiden und niemals wieder nach
dir fragen
Und wenn du atmest, fühlst du wie der Mut deine
Adern durchdringt

Und wenn die Luft durch deinen Lungen wieder nach
außen strömt
Deine Ängste nun immer kleiner werden
Sie verfliegen in den Böen, weil der Wind sie in eine
andere Himmelsrichtung trägt
Auf die andere Seite der Welt
Und du ab heute ohne Furcht und fernab deiner
schlaflosen Nächte lebst
Und wenn du am Morgen erwachst und die Klippen
siehst
Weißt du endlich, was das Schicksal mit der Liebe
meint
Ein Platz auf einer Wolke, wo die Wünsche und die
Träume sich mit der Wirklichkeit vereinen
Der Inhalt vieler geschriebener Bücher
Dass selbst das Glück im Garten Eden auf einmal
nicht mehr unerreichbar erscheint
Angeregt durch die Liebe deine Sehnsucht nach
Wärme und Hingabe, in einem kurzen Augenblick
erwacht
Dein Wunsch mich zu spüren, uns gegenseitig zu
erleben, in einer nie dagewesenen Nacht
Seine Sinne zu entdecken, zuzulassen und sich in
ihnen zu verlieren
Die Gefühle werden uns leiten
Und sagen wo wir uns berühren
Ich verspreche dir, ich tu dir niemals weh

Vertrau mir einfach und lass dich einfach mal gehen
Entdecke dich, als würdest du neben dir stehen
Und zum ersten Mal im Leben dich in den Armen
eines anderen glücklich zu sehen
Merkst du, wie du den Halt unter den Füßen verlierst
und einfach abhebst
Als wäre die Erde in diesem Moment schwerelos
geworden
Und du wie im Nirwana herabblickend dich selbst
beobachtest und über deinem eigenem Wesen
schwebst
Du siehst wie deine Liebe nun etwas Leibhaftiges
verspürt
Sich als lebendig wahrnimmt und ihr Verlangen mit
deinem Körper auslebt
Du wirst zittern, obwohl du nicht frierst
Du wirst dich verlaufen, ohne dass du dich in einem
Labyrinth verirrst
Und dein Herz wird aufgeregt weiterschlagen,
während die Verlegenheit deinen Anblick ziert
Deine weiche Haut wird mit Perlen bedeckt sein, der
dem Tau am Morgen auf einer Blume gleicht
Es ist der Ausdruck deines Begehrens, der sich in der
Sekunde der Verbundenheit sowohl im Leibe als auch
in deiner Seele zeigt
Du wirst jenseits der eigenen Sphären wandeln und
deine Poren werden sich weiten

Da die Erfüllung der gegenseitigen Nähe die Quelle
deiner Sinne einverleibt
Deine Brust bewegt sich rasend auf und ab
Wie die Tasten eines liebevoll gestimmten Klaviers
Dessen Pianist sie so zart bespielt als wenn die
Versuchung keinen Morgen kennt
Und eine alte Melodie für einen kurzen Augenblick
ihre Inspiration in ihrem Notenblatt erwähnt
Du bist die Muse meiner Schriften und wirst es immer
sein
Und sollte dein Herz jemand anderen finden
Bleibt die Farbe des Füllers dieselbe, denn du verharrst
auf ewig in meinem Inneren
Du mein wunderschöner Sonnenschein.

Das Wort nach dem ich suche

Warum halten wir Menschen oder lassen sie einfach
nicht gehen
Öffnen jemandem die Tür obgleich wir voller Wut
dagegen treten
Warum fühlt man sich zu Menschen so hingezogen
und gibt sich in allem preis
Obwohl dein Gegenüber dich immer wieder in die
Schranken verweist
Wo liegt der Sinn zusammenzukommen wider das
Wissen, dass man sich am Ende vielleicht trennt
Warum stellt man sich eingestehend dieselben Fragen
Deren Antwort man sich nicht zugesteht, aber
eigentlich schon kennt
Naheliegend verborgen im Dickicht, wo das Feuer eine
kleine Schneise schlägt
Und die Erkenntnis in leisen Tönen mit dir spricht
Sie flüstert: Ich gebe dir Jahre meiner Eingebung für
nur wenige Augenblicke dieses Glücks
Schau in ihre Augen, da findest du das All mit der
Gesamtheit ihrer Wärme
Endlose Lichter ziehen wie Streifen am Rande ihres
Blickes vorbei
Harmonisch durch die Stille und der schlafenden Zeit
Entgegen einem leuchtenden Kristall

Das Zentrum ihres Seins, die Seele, die sich am Ende
deiner Reise zeigt
Das Wort, nach dem suchst, in jedem Volke anders
heißt
Ihr zu entkommen schier unmöglich scheint
Gleich einer entlegenen Oase oder einem seltenen
Strand
In jeder Ecke, hinter jedem Baum sucht sie dich heim
und sieht dich dabei an
Ernüchternd stellt man fest, egal wie man seine
Schultern dreht
Der Wind in seinem Verlauf ihr Bestehen immer
wieder in dein Gedächtnis weht
Es ist die Suche nach Bestätigung, sollte sie sich dir
offenbaren
Ihr Vlies der Gleichgültigkeit abzulegen und ihr Herz
dem deinen nachzutragen
Ach, könnte man die Erde nur durch die Augen eines
Falken sehen
Der Globus mit seiner Neigung sie auf die andere Seite
des Äquators drehen
Zur gleichen Zeit, würde sie im Dunkeln die Augen
verschließen
Während ich im Zenit der Sonne einen Spalt im Felsen
suche
Um ihren Handschuh am Boden liegend zu betrachten

Lieblos gefaltet, als hätte ihn jemand verloren,
entfremdet von den Fingern, die ihn einst trugen
Schweigend sich nun einzugestehen, dieses Gefühl zu
brauchen
Als verfließe das Jahr nun schneller und der Frühling
fehle den vier Jahreszeiten.
Entziehe dich nicht dieser Bindung aus Angst dich zu
verlieren
Tränen trocknen, wann immer ihr Herz dich irritiert
Erliege ihrem Gespür, die die Wege des einen zum
anderen führen
Ihre Makel und Fehler verblassen, als würden sie die
letzte Barriere deines Verstandes passieren
Ähnlich sinnloser Phrasen, gleichbedeutend der
Verfehlungen die aus deinem Bewusstsein
verschwinden
Entzaubere deine Gedanken, sie ist kein fremdes
Wesen, das dich begrüßt
Sie besteht aus Haut, wandelt auf Füßen, nur mit
einem anderen Gesicht
Einer Sprache umgeben von Worten, wiedererkennend
denen, die über deine Lippen fließen
Erzähle von deiner unerwiderten Romantik, indem du
sie beschreibst
Gedruckt in Zeilen, die sich auf deiner Zunge reimen
Die Verwegenheit in ihrem Lächeln nur noch mehr
nach ihr verlangt

Anmut durchzieht die Berge der Natur, sich zu zeigen
ist ihr Dank
Im Hier und Jetzt, da, wo sie fehlt
Eine große Lücke des Besonderen entsteht
Nur mit ihr bin ich lebendig, zu Hause und im Kopfe
frei
Ihr Lachen verwandelt Venen und Adern
blitzartig zu Eis
Fern ab ihrer Stimme bin ich haltlos und in den
Gedanken entzweit
Tritt endlich näher und ergänze mich in meiner
unvollkommenen Gestalt
Füge dich jenem Gefühl umschrieben als das fünfte
Element
Gesprochen wie geschrieben ein jeder als die Liebe
kennt.

Ich sehe

Ich sehe die Wut, ich sehe mich an und sehe dich
Ich sehe den Strand, die Muscheln, wirbellose
Lebewesen und die aufschäumende Gischt
Ich sehe die Gleichgültigkeit, den Tag davor, wie ich
an derselben Stelle steh
Ich sehe kreischende Möwen über mir fliegen, die mit
ausgebreiteten Flügeln auf derselben Stelle schweben
Ich sehe die Kälte, wie ich mich im Kreise dreh, und
einen Deckel, der unter dem Druck der Flasche leise
zischt
Ich sehe ein treibendes Wrack ohne Kompass
Vogelschwärme, die über dem Hafen in den Süden
ziehen und eine Buhne, die die Welle bricht
Ich sehe die Trägheit derselben Gedanken und wie ich
mich entfremde
Ich sehe einen Fisch im Wasser, der der hohen See
entgegenschwimmt und am Ufer willenlos verendet
Ich sehe, wie ich mich vergeblich wehre, wie ich einen
Stuhl greife und mit tauben Beinen versuche
aufzustehen
Ich sehe die Böen, Seeleute, die die Segel streichen und
ihre Schiffe, die vor Anker gehen
Ich sah ein kleines Licht in deinen Augen scheinen, wie
ein Leuchtturm in der Finsternis
Als würde es die Seelen verlorener Männer befreien

Doch es war die Route zu einem unbewachten Kerker
Durchsetzt mit einem tiefen Riss
Ich sehe noch heute, wie ich mit meinen Händen durch
deine Haare fuhr
Ich sehe noch heute, wie du mit deinem Kopf neben
dem meinen lagst
Ich sehe einen leeren Platz, an dem du einst saßt
Neben dem ich mich frei fühlte, doch ich schau hin
und du bist nicht mehr da
Ich vermisse dich und das jeden Tag, dabei hätte ich
alles für dich getan.

Sehnsucht

Die Musik, die mich erinnert, läuft in einer
Endlosschleife
Jeden Ton, sogar jede Note sauge ich auf wie nach dir
riechende Seide
Ich fühle noch immer deine Nähe
Vernehme deine Haare, deine weiche wohltuende
Seele
Ich kann noch immer deinen Atem spüren
Er schleicht langsam über meine Haut, als würde mich
der Frühling leicht berühren
Meine Lippen brauchen Wasser, am liebsten indem
sich deine in meinen wiederfänden
Um sich gegenseitig stärkende Tropfen aus
Feuchtigkeit zu spenden
Die Wangen erröten, sie füllen sich mit jungfräulicher
Scham und pubertierender Irritation
Stark erregt, einzig durch die verbliebene Illusion
Das Kissen, auf dem du saßest strahlt immer noch
Wärme aus
Ich würde sie gern sammeln, bündeln und eine Decke
daraus nähen
Die mich umgibt wie eine Wolke, in der dein Abbild
man kann sehen
Irgendwas klopft stark und laut an meiner Tür

Pulsierend, meine Hülle auf und ab bewegend, es ist
mein Herz, es fragt nach dir
Meine Ohren vernehmen immer noch diese so leise,
liebevolle Stimme
Ich höre ihr genüsslich zu wie einst Odysseus den
Sirenen
Es ist wie ein beruhigendes Singen, deren
Schwingungen noch Kilometer weit entfernt die Natur
zum Lachen bringt
Deine rehbraunen mich umschließenden Augen,
durchdringen mich wie ein romantisches Gewitter,
Mein Innerstes wird torpediert von Blitzen
Ich zittere, ich fühle wie mein Bauchnabel und mein
Geist sich so langsam erhitzen
Steigernd zu einem Höhepunkt , der sich schnell
wieder legt
Denn du bist nicht mehr hier und dich kann niemand
ersetzen.

Eigener Schmerz

Halt mich,, halt mich so fest, wie du kannst und wenn
meine Rippen sich biegen oder gar brechen
Lege deine Arme um mich, verschließe sie wie einen
Knoten und schenk mir dein Lächeln
Stell deine Brust gegen meine Ohnmacht, damit ich
nicht falle
Die Gräben unter mir sind tief und kennen keine
Gnade
Presse sie gegen mich so fest, wie du kannst
Damit ich weiß, du bist hier, auch wenn ich nicht mehr
atmen kann
Schneide deine Nägel in mein Schulterblatt und stell
keine Fragen
Mein Herz ist so schwer als müsste es 1000 Steine
tragen
Ich gleite auf dem Bach gefrorener Tränen
Davor zu taumeln, das Eis zu brechen
Rote Flecken schreiben deinen Namen in den weißen
Schnee
Meine Gedanken sind leer, weil du sie nicht mehr
füllst
Wandernd unter einem Dunst voller Verzweiflung
und unendlicher Stille
Ist es dir egal, wie schlecht es mir geht?

Ich bitte dich, nimm das Messer, das du in den
Händen hältst
Und stich auf mich ein bis zu dem Moment an dem du
endlich nicht mehr fehlst
Tief in mir drin erlag ich längst deinen Wunden
Nun nimm auch meine Hülle, ohne das Herz ist sie
einsam und wird sich verlieren
Ohne das Beisein der Wärme wird sie irgendwann an
Sinnlosigkeit erfrieren
Getrenntes Gewebe, umschlossen von salziger Haut
Bildet tiefe Narben, die man nur sieht, wenn man sich
selbst in die Augen schaut
Getränkte Binden aus Schlafmohn vernebeln meine
Sinne, aber leider niemals meinen Traum
Ein Bild, auf dem du auf einer Bank sitzt, mit dem
Rücken zu mir
Erwache ich in einer Starre, und das mit einer
geliebten Erinnerung von dir
Der Tag spaltet sich in Beurteilen und qualvolle
Gefühle
In schweren sowie leichten Momenten wird das eine
das andere überwiegen
Ich weiß, nach einer gewissen Zeit wird das
vermeintliche Ende sich der Einsicht ergeben
Doch genauso weiß, ich dass ein Stück Wehmut
verbleibt, und das für mein ganzes Leben

Und das ist auch gut so, ein Teil von dir soll verbleiben
und niemals von mir gehen.
Niemand ist schuld, auch wenn man lange danach
sucht
Das Leben zeigt sich dann und wann
Immer dann wenn es will
Man findet noch heute seine Spuren
Ich bin es selbst, gekränkt in seiner Scham
Verletzt, am Boden zerstört, erinnere ich mich, dass ich
auch schon Täter war
Als Winzer von vergorenen Trauben
Trink ich nun selbst vom süßen Wein
Verfalle dem Duft von Zucker und Säure,
Das Glas aus den Händen reißend
Fang ich an bitterlich zu weinen
So schwingt es wie ein Pendel zurück, den Schmerz
den ich ertrage
Oh Justitia, warum hältst du nur immer das
Gleichgewicht der Waage
Mit der Gewissheit, dass man die Liebe nicht nur
einmal trifft
Lass ich dich ziehen, und hoffe voller Wahrheit, dass
es auch für dich
Irgendwann einen Nächsten gibt.

Das Traurige am Dichten

Das Heranwachsen und Sterben schwerer Momente ist
kein Findling aus einer kalten Zeit
Eher das Schicksal, das ungeladen klopft
Mit schwerem Gepäck sucht es dich heim
Wohltuend, voller Trost ziehen wir wieder erkennbare
Parallelen
In der Umgebung, den Nachbarn und Mitmenschen
In ihren Problemen, aber auch in ihrem Streben
Doch das Unvermeidliche umgibt uns überall
Auch in Insekten, Gewässern oder im Winde
wiegenden Gräsern
Schau dich in ihnen um
Alle bedürfen es einer gewissen Harmonie und
unterstehen dem Eindruck
Dass wir letztendlich allein sind
In Kreisläufen, die sich erschließen, sei es in
Organismen, Elementen oder auch Tieren,
Erkennen wir die Kurven des Lebens wieder
Nicht nur in uns selbst
Wir bedienen uns ihrer holprigen Wege, um die
Eindrücke in Metaphern zu umschreiben
Ein Stilmittel, das farbenfroher gestaltet
Als trostlose Tinte in schwarz- weiß gedruckten Zeilen
Sie tragen Gedichte, die Erinnerungen enthalten
Mit Fragen und Antworten über Dinge, die wir nie

verstanden haben oder jemals begreifen
Seine Texte zu lesen, versetzt in uns die Gedanken des
Dichters
Lyrik öffnet Herzen und bringt uns seinem Erlebten
näher
Ähnelnd einem Verse über einen Dramatiker dessen
Laune sich von heute auf morgen verstimmt,
Dem der Schlaf schon lange nicht mehr die Müdigkeit
nimmt
Der klare Blick sich trübt
Und das Instrument, das uns unterscheidet, sich wie
eine Gitarre anfühlt
Auf der seine Finger ohne Saiten spielen
Geschunden durch viele Risse, die sie verletzt
Verstehen wir, dass sich hinter dem Leib, der
zeitlebens vergeht
Etwas mit großer Wehmut verbirgt, das erhalten bleibt
und niemals stirbt
Habhaft einer alten Mundart
Der man durch Zufall oder Benommenheit begegnet
Immer wieder an den Ort zurückzukehren, wo die
Seele ihren Ursprung findet
Einblick gewährend in ihre Geheimnisse und ihre
Einsamkeit
Erzählt sie von Kummer und Verlangen
Verfasst in mystischen Skripten, die man am Morgen
vergisst

Mit dem Notizblock als einzigem Zeugen
Fragt man nach dem Hüter solcher Schriften
Manche verfallen der Manie und betten sich in ihren
Ideen
Bis die stille Mauer durchbricht, indem die Grenzen
verschwimmen
Leise zu schreien, bis der Liebeskummer übermannt
Die einseitige Zuneigung dich von innen zerreißt
Denn die Liebe bindet nicht nur, sondern schneidet
manchmal auch tiefe Wunden
Die manchmal tiefer sind als alle uns bekannten
Schluchten
Sie hinterlässt nicht nur blühende Landschaften,
sondern auch karge unbewohnte Steppen
Mit der Absicht zusammen zu führen
Obliegt es ihrem Einfluss tief verwurzelte
Freundschaften für immer zu trennen
Das Geschriebene gleicht dem Erlebten
Sei es am eigenen Körper oder einer fernen Welt
Deinem Gegenüber die Tränen in die Augen zu treiben
Weil sie den Zeilen entnimmt, wie sehr sie einem fehlt
Denn da wo die Sehnsucht wacht und die Ruhe flieht
Die Hoffnung dich ermutigt und den Zweifeln
widerspricht
Erinnerungen im Stolze versiegen
Die Schuld alles von sich weist
Dann sind deine Gedanken bei ihr, und du bist verliebt

Doch nicht nur die Muse Erato weckt in uns
kreierende Gedanken
Sondern auch die Trauer nach dem Tod
Geprägt durch bleiche Gesichter mit gläsernen Augen
Niedergeschlagen, nach Fassung ringend
Als würde die Verstorbene auf die Erde schauen
Und wir völlig unbewusst mit unseren Tränen
beweisen
Welche Freude sie uns doch einst bereitete
Selbst die Lava verfällt einer unendlichen Melancholie
Die der Vulkan mit seiner Asche versprüht
Als roter Fluss den Hang hinunter fließend
Im klaren Wasser zu Stein erstarrend
Vergeblich auf der Suche nach einem Brückenbogen
über den kalten Ozean
Ein Gemälde in seinen Träumen zu malen und in
Sätzen zu schildern
Fantasierend ein nicht bedrucktes Blatt zu füllen
Ohne sich dabei jemals darin selbst zu verlieren
Ist eine Bestätigung, denn Reime die die Sinne
verführen sind Erfahrungen und sei es nur für einen
kurzen Augenblick, einfach erfüllend
Es ist auch ein Tropfen unserer eigenen Medizin
Gedankliche Konfrontation ist eine erlaubte Nötigung
Deren heilsame Wirkung in der Aufarbeitung und
dem Verständnis liegt
Verse und Lieder sind ein Auf und Ab des Lebens

Sei es wie es sei
Ein Besuch fremden Empfindens
Dessen Ausdruck wir einer Form von Kreativität
verleihen.

Das Leben, so ist es eben

Wir sehnen uns nach einem Haus, an dem wir selber
bauen
Wie Noah, der einst die Arche erschuf, nur dass es
nicht das Wasser ist, vor dem fliehen, sondern der
Welten Trauer
Als wären wir Architekten unserer eigenen Welt
Zu zeichnen, wie groß die Räume sind, für die
Gefühle, für unsere Empfindlichkeit
Wo wir die Bestimmung im vergifteten Keller
einzuschließen vermögen, mir der Hoffnung, sie möge
daran erblinden
Zu Schreinern, die Türen zu vermessen und den
Rahmen aus Holz zu zimmern
Stark in seiner Tiefe, verziert mit Symbolen vor
Christus, einem fehlenden Griff, um das Leid an
seinem Eintritt zu hindern
So viel Glas wie möglich in den Backstein zu setzen
Um hinter einer schützenden Schicht flüssigen Sands
nach draußen zu schauen, um das Warum niemals zu
vergessen
Ein Dach mit mehreren Ziegeln und einer dicken
Wand zu konstruieren
Auf dass wir die Schreie des Leids im Inneren des
Haues niemals erhören
Gebaut auf einem Fundament aus Granit, unter der die

unerwiderte Liebe vergraben liegt
Eine künstliche Welt, in der man das Licht, durch die
Aufgabe der Dunkelheit, nicht mehr zu erkennen
vermag
Und wie ein Haus ohne Mörtel aus Mangel an
Gefühlen nach kurzer Zeit zusammen brach
Denn es gibt keine Glocke, keine Festung, die uns vor
der Wahrheit bewahrt
Noch nicht einmal ein mühsam gebauter Sarkophag
Doch lasst nicht die Enttäuschung eure Geschicke
lenken
Mit der Wut die Sinne zu blockieren und das Glück
dabei wieder und wieder auszublenden
So öffnet eure Fäuste vor dem Leben und lasst sie sich
nie wieder verschließen
Mit ausgestreckten Händen den Morgen in den Arm
zu nehmen und voller Freude zu begrüßen
Dem Leben und deren Aufgaben mit Ruhe und
Angstlosigkeit entgegenzutreten, auch wenn man sie
nicht immer nur bestehen kann
Denn die Fragen wurden gestellt, als der Autor selbst
noch keine Antwort darauf fand
Es gibt keinen vorgefertigten Buchdruck, mit Lettern,
die unser Schicksal beschreiben
Denn die Geschicke der Menschen, werden niemals
dieselben Wege streifen

Erlesen ist die Geschichte, und jede ist von Hand
geschrieben
Aufwendig verfasst, als würde das Leben das Drama
und die Epik, aus tiefstem Herzen lieben
Und die Stetigkeit und die Langeweile vor ihrem Stift
und ihrer Tinte fliehen
Dem rätselhaften Schicksal mutig gegenüber zu
stehen, dahinter zu kommen und sich seiner
anzunehmen
Ist der Grundgedanke unseres Lebens und der Sinn, es
zu bestehen
Mit den Erfahrungen zu wachsen, auszuhalten, sich zu
wehren, all dies zu begreifen
Sich nicht aufzugeben, auch wenn wir manchmal
daran scheitern
Das Leben ist nun mal eine Burg, die erobert werden
will
Und kein Thron auf einem Schloss auf dem man sich
selbst seiner Würdigkeit bestiehlt
So können wir seine Geschicke beeinflussen,
manchmal sogar lenken
Doch wir sind nun mal das Pferd und auf dem Sattel
sitzt das Leben
Jeder Entbehrung steht eine Erinnerung entgegen
So steht es geschrieben, so wird es meistens geschehen
Wie jene Abende am Lagerfeuer, wo nach einiger Zeit
ideenlose Gespräche zur Pointe führten

Und dein Herz für immer berührten
Erinnerst du dich, und jetzt frage mich, was denn
höher wiegt, das ewige Gefühl oder der ewige
Abschied?
Die unsterbliche Verbundenheit oder die
Vergänglichkeit eines letzten Briefs?
Diese Welt enthält so viel Offenbarung
Jenseits der Grenzen all unserer Erfahrung
In einer ganzen Legion würden niemals so viele
Herzen schlagen
Um all die Liebe dieser Erde,, in Gedichten zusammen
zu tragen.
Möge das Schicksal uns entgegen treten
So wie es sich zeigt, und oftmals leider ungelegen
Das Leben bleibt halt, wie es ist
Das Leben, so ist es eben.

Dem Gewissen so fern

Auf einer Lichtung, wo ein Häuslein stand
Unweit einer alten Eiche
Auf einem vergessenen Stück Land
Einem wehmütigen Fleck Erde

Findet man Kacheln verstreut im Schlamm
In der Nähe eines Teiches
Erinnerungen eines Kamins aus Menschen Hand
Gelegen in den Spuren einer einst so wunderschönen
Weide

Loderte vor Langem ein roter Brand
In seelenlosen Zeiten
Schrieb eine Schreibmaschine viele Namen
Verschwiegen unter Eingeweihten

Übersät von Brüchen einer zermürbten Wand
Mit Hinweisen von Kratzern in den Steinen
Vernimmt man einen Geruch, der von bitteren
Mandeln stammt
Während der Wind in seiner Ecke leise weint

Wo sie in Gruppen einst zusammen kamen
An einer Feuerstelle einer unbeliebten Bleibe
Deren Asche nicht aus Hölzern trank
Gemalt aus grauer Kreide

Ein Platz, den selbst die Wurzel nie betrat
Als würde sie ihm weichen
Sie weiß vom Unglück das einst hier geschah
Und wird der Schneise nie verzeihen

Ein Friedhof, auf dem der wahre Mensch verweilt
Eine Haufen Steine ohne Grab
Mitnichten Haus der Ewigkeit
Ein Schriftzug, der uns just ermahnt

Wie er ohne Gebote seinen Geist befreit
Und den Menschen hier die Würde nahm
Acht Kerzen erloschen und besiegelten die Dunkelheit
Weil das Gewissen sich selbst am fernsten war.

Der Anfang und das Ende

Es trönt des Knaben durchtriebener Hohn
In den Klammern die Aphrodite
Jauchzend über den jungfräulichen Schoß
Überkam ihm die Begierde

Vertraute Haut überzieht die Wangen
Dergleichen Klänge vernimmt der Sinn
Gebar die Gewissheit sein Verlangen
Vernahm er nie den Fluch von fremden Stimmen

In Gegenwart verstummte sie an ihrer Schmach
Taub erlegen im Bette des Verwaisten
Ohne Worte ihm aufs Blut versprach
Sich zu erweisen, beim Schwure ihrer Leisten

Die eine Hand hielt die Unschuld
Die andere das Verderben
Welch treuer Weggefährte einst um ihre Gunst buhlt
Wird irgendwann daran erfrieren und einsam daran
sterben

So brachen Gemüter in den Gemächern
Der einen weniger der anderen mehr
In den Schreien unter Dächern
Verlor für immer sie sich selbst und für immer er sein
Herz

Und wenn du selbst die Güte wärst
Verging der Mensch sich seiner Obhut
Wandelst du in einer fernen Welt
Letztendlich bist du nie genug

Wie gern wär ich ihr nah gekommen
Doch in jedem sah sie seinen Blick
In den Fingern seine Formen
In der Zärtlichkeit ihr Flehen

Das Leid durchzieht den Baum des Lebens
In Ästen Zweigen Wurzeln
Sucht das Wasser sich den Weg
Aus welchen Kannen sie auch gossen

So sieht man die Rinde und das ewig Grün
Gehalten durch das Laub
Begegnet man dem wahrem Ich im Eis
Entblättert und entzaubert

Der innere Konflikt

Manchmal scheinen Gedanken, obwohl sie so
wunderschön sind, dass man sich hinein legen möchte
Zerreißend und benebelnd zu wirken
Und das, nachdem man sich so sehr sehnt und das
man wünscht, am Ende den inneren Zerfall in sich
birgt
So ist es die Ironie der Schönheit, die einen
verführerisch blendet
Die einem die Karten des Lebens in allem ändert,
indem man sie wendet
Man lässt alles fallen, was einem vorher wichtig war,
als wäre alles eine Plage
Tut wichtigen Menschen weh
Unbewusst gibt man sich ihm her, dem Schleier der
völligen Hingabe
Es ist ein Kampf, den man mit sich selber führt,
zerreibend, aufopfernd
Nur um weiter am Tropf der Illusion zu saugen
Um beim letzten Streit zu sehen, wie die Seele gefriert
Und alles, was dich vorher als unersetzbar empfand,
im Moment der Entscheidung für immer verliert
Die Vernunft und das Leben wiegen sich im Disput
mit dem Unentbehrlichen auf
Einen klaren Gedanken gibt es nicht mehr
Erst nach der Zeit des Erwachens wirkt die Lösung

auferstehend, so ist nun mal der Brauch
Einen Weg muss man leider passieren, denn man kann
nicht in die Vergangenheit reisen
Es gibt kein Zurück, nur nach vorne, das muss man
unwiderruflich begreifen
So kann ein Traum, wie eine fingierte Blase zerplatzen
Niemals dazu gedacht, um am Morgen weiter zu
existieren
Als hätte ich es nicht besser gewusst, hört man den
Mann auf der Schulter stehend
Lächelnd und besser wissend applaudieren
Wer mehr will, als einem die Bestimmung zugesteht,
Der ist wie ein Narr, der nicht merkt
Das er anstatt im Sonnenschein, im Unwetter fast
ertrinkt und dabei in große Nöte gerät
Und wenn ihm durch das Wasser die letzte Luft aus
der Lunge entrinnt
Stellt er sich fragend hin
Warum der blaue Himmel ihm denn den Atem nimmt
Jeder, der ihn umgibt, schreit ihn an, fleht, er möge
doch zurück zur Erde kommen
Das Unheil sehend
Doch er sieht nur die Lippen, die Sprache hat er nicht
vernommen
Umgeben von Bereicherung einer anderen, neuen und
aufregenden Welt
Wirkt sie wie abweisend, wie eine Mauer

Von außen unbezwingbar, das einzige, was ihn jetzt
noch rettet
Indem er aus seinem tiefsten Inneren heraus einsehend
eine andere Richtung einschlägt
Der innere Konflikt schärft seine Waffen und hält sie
für den anderen bereit
Auf der einen Seite die Zukunft, das Leben, auf der
anderen die Trauer und die Einsamkeit
Und überall, wo gekämpft, wird es auch Verluste
geben, die man nicht ersetzen kann
So kann man der Liebe noch nicht mal mehr in
Freundschaft begegnen
Doch es geht einem dann besser
Und man kann zumindest im Schlaf so wie am Anfang
gefühlvoll und verliebt für immer mit einander reden.

Lasst mich doch einfach

Lasst mich sein, so wie ich es will
Bevor ich die Erde nicht mehr erkenne
Es scheint vielleicht zu wirken wie ein Spiel
Doch es ist mein Tagebuch, zu dem ich mich bekenne
Hinter Stein und Eisen könnt ihr Halunken halten wie
ihr wollt
Mit freiem Geist und starren Körper
Doch mein Fleisch koste euch das Licht gemessen in
Gold
So dass ich wie ein Stein im All die Zeit verbringe
Von Galaxie zu Galaxie in andere Welten springe
Unaufhaltsam, unberechenbar, für Menschen ein
Grauen
Dass mein Schweif mein Vorleben für ewig erleuchte
Bis sich ein Planet dazwischen schiebt
Und ich als Sternschnuppe ein Ende finde.

Lasst mich gehen, lasst mein Feuer weiter glühen
Was habt ihr denn von mir?
So bin ich doch nur einer von vielen
Ich werde nicht nach eurer Sonne meinen Schatten
werfen
Sondern wie ein Mond, der die Finsternis erzwingt
nach eigener Lust und Laune meinen Begleiter
beherrschen

Ich erkunde die Meere, so wie es mir gefällt
Naturverbunden, schwimmend wie ein Delphin
Nur die Luft zum Atmen mich dann wieder nach oben
zieht
Wo ich auch hinkomme, werde ich die Kinder erfreuen
Meine Anziehung vermochte sie zum Lachen zu
bringen, bis zu dem Moment, als ich euch traf
Doch eure Netze sind zwecklos und ohne Belangen
Denn ihr haltet mich dann zwar gefangen
Doch meine Gedanken werden trotzdem weiter
treiben

Tanzen, in dem der Wind mich trägt
Flieg ich durch die Berge und die Natur
Und das Herz immer aufgeregter schlägt
Hier oben braucht man keine Uhr
Weil die anderen meinen Namen rufen
Versteck ich mich schnell unter dem Laub der Buchen
Sollen sie ihre Adler schicken
Und mich vergebens suchen
So lässt der Vogelschwarm niemals zu, dass man
alleine fliegt
Vorher wird man dir die Flügel stutzen
Unbegleitet lassen sie dich dann am Boden zurück
Gebrochen, gepeinigt und ohne jeglichen Nutzen
Traurig sitz ich hier und warte, bis der Winter kommt

Und stell erfrierend fest: Sie haben mir auch die
Federn genommen.

Zusammen

Zeig mir deine Welt, ich würde dir gern meine zeigen
Dann wärst du bei mir, und wir würden uns mit
Träumen die Zeit vertreiben
Hand in Hand könnten wir die Wälder und Berge
bereisen
Und wenn wir unsere Hände fühlen, werden wir
gemeinsam schweigen
Wir würden freudestrahlend durch die Wiesen und
die Felder ziehen
Schüchtern reden, und einfach vor den anderen und
dem Leben fliehen
In den hohen Gräsern liebend nebeneinander liegen
Aufgeregt gemeinsam zum Himmel und den Wolken
blicken
Die Zeichen erkennen für den richtigen Moment
Sich langsam drehend in den Augen des anderen zu
verlieren
Um sich dann erwartend an mit Stoff bedeckten Stellen
zärtlich zu berühren
Sich zu küssen und zu fühlen, bis der Abend kommt
Die Sonne unter geht, der Geruch der Blumen mit
deinem Anblick sich zu einer Erinnerung formt
Errötet und innerlich ganz warm fahren wir den
Sternen entgegen
Ohne Worte, verliebt und gleichermaßen verlegen

Die letzten Meter gehen wir zu Fuß, um noch etwas
Zeit nach hinten zu schieben
Das Herz rast unentwegt, als würden wir immer noch
nebeneinander liegen
An der Tür wird der letzte Kuss den Abschied
verkünden
Unsere Körper sich ein letztes Mal sehnsüchtig
miteinander verbinden
Allein auf dem Fahrrad schwelge ich in Gedanken
über sie und ihr süßes Gesicht
Ich stelle mir vor sie wäre immer noch neben mir,
indem sie liebevoll mit mir spricht
Abends im Bett liegen meine Arme um sie geschlossen
Sorgsam behütend, damit sie sich nicht verletzt
Umklammert ist es das Kissen, was ihre Schultern in
dem Moment ersetzt
So suche ich nach einem Namen und schlafe damit ein
Ich nenne dich einfach Sonnenschein.

Es lebe der Moment

Dieser Welt erliegen, ist jedes Willens Ziel
So gibt es so viel zu entdecken, hinter all der Macht
und dieser Gier
Ach wären doch alle nur zufrieden, was wäre das für
ein Leben hier
Sich zu freuen für des andern Wohl, ein jeder sich
beherzt
Zu glauben was ein jeder will, und trotzdem
miteinander scherzt
So hebt die Krüge zum Wohl des einen in dessen
Freude, die Ohren täuben
Der Alltag, all der Kummer sich dem Glanze lüsterner
Gesichter sträuben
Durch des Gerstensafts Trunk die Hüllen immer
leichter werden
Enthemmt und voller Wohlgefühl
Nun keiner mehr auf die Sitte schielt
So lasst uns tanzen, Röcke tragen ohne Verschleierung
unseres Schams
Nur die Gattin soll im Morgen, uns nach dem Übermut
erfragen
Heute Abend sind wir frei, leben wie es uns gefällt
Die Welt nennt sich unser Eigen, als hätte sie uns
auserwählt
Hier erfährt man das Glück und dessen Erben

Das Heil durchschweift die Luft, Übermut tönt es
hinaus
Wir sind dem Leibe nicht entronnen, für ein stilles
Grab auf Erden
Erhebt die Stimme unserer Ahnen, eine alte Odyssee
gemeißelt in Hymnen oder Sagen
Denn in der Frühe fahren wir den Karren wieder
durch Loch durch dicken Schlamm
In den Rinnen anderer Wagen, folgen ihren Spuren,
deren Reise sie bestanden
Doch heute ist der Tag der unseren, was kümmert uns
der Morgen
Wir leben im Hier und Jetzt, hier gibt es keine Sorgen
Seht sie an, die die Last zu Tischen tragen, sogar hier
stellen sie sich ihren Fragen
Löst die Fesseln eurer Wehmut, beim Verlassen dieser
Hausung
Kann sie euch immer noch von Neuen plagen
Seltsam, seltsam hier und da, voller Zwietracht, voller
Scham
Der alte Mensch, der hier verkam, hat vergessen, wer
er ist
Versenkt das Haupt in seinen Schoß, als wäre er sich
selbst voll Überdruss
Ganz anders ist es bei mir, sollen sie quasseln, mich
nur meiden
Drüber räuspern, mich meines Hochgefühls beneiden

Weiß ich dem Fluch des Zweifels zu entrinnen
Laudatio her, Laudatio hin, weiß ich doch selber, wer
ich bin
Der Schlüssel der Glückseligkeit ist der Ahnung Riegel
vorzuschieben
Die Gräuel im Augenblicke auszublenden, um das
Erlebte zu genießen
Sich der Laune hinzugeben, auf ihr genüsslich
fortzutreiben
Bis die Welle der Fröhlichkeit sich bricht, und wir
entspannt zu Bette gleiten.

Ich bin, was ich bin

Vermache mir eine Treppe, die ich
empor zur Gelassenheit besteige
In deren Lauf ich nun nimmer mehr entgleite
Lehre mich trotz Überschwemmung, der Dürre meine
Felder zu bestellen
Um meine Seele zu beruhigen
Schenk mir die Wolle geborener Lämmer, die die
Geborgenheit nährt
Eingelullt, der nackten Angst keiner Starre mehr zu
gewähren
Schule mich des Narren Weisheit und des Tors Einfalt
Nicht zu grübeln über des verborgenen Verfall
So bin ich zwar tugendhaft, doch steh ich dem
Verlorenen nah
Beim Durchwälzen des Bodens der Gaul, wie meiner,
wieder und wieder mit den Hufen scharrt
Der Boden ähnelt dem Boden, wie der Bruder des
Bruders, den ich gestern noch sah
Söhne der Mutter Deèja-vus und des Vaters Balthasars
Doch bleibt das Geschwätz der Leute mir fern
Scheint mir das Gestüt näher als die Stadt
Umgebe ich mit dem Schlichten im Kern
Anstatt der überschätzen Gelehrten
In den Fängen voller Baldrian

So bin ich lieber der Untergebene, als der Gehöfte
goldener Erbauer
Bevorzugen sie die Ziegel statt Klötze
Und sind die Eltern mancher Waisen voller Trauer
Zu vergessen, dass einander wir doch brauchen
Schleppen wir die Säcke voller Mehl
Im Gefälle der Bäche eurer Mühlen
Im Soge des Wassers und des Rauschens
Verschleiert ihr unseren ungeschlossenen Hehl
In der Stille des Windes und der Wolken vernehme ich
vieler Toten Schrei
Zermürbte Uniformen marschieren im Gleichschritt
zügig an mir vorbei
Glanz und Gloria sind der Ruf der Helden
Zu sehnen aller Munde Ruhm
Doch der Tribut sind die Gesichter ohne Namen, die
einen Nacht für Nacht besuchen
Lieber lebe ich ohne Ehre, als den Familien ihren Halt
zu nehmen
Sterbe allein hinter Gittern, dicken Mauern
Um mich letzten Endes frei zu fühlen
So dresche ich Halm für Halm, das Tag für Tag
Weil ich bin, was ich bin
Und meine Bestimmung voller Stolz trag.

Frieden finden

Trag mich, trag mich ferner von hier, zu jenem
Domizil, wo die Ruhe pausiert
Wo der Frieden sich der Besinnung widmet
Und den Gesprächen seiner Erholung kündet
Sich entspannt, den alten Zeiten den Gedanken
schenkt
In sich geht und das Friedvolle in jede deiner Adern
lenkt
Ein Kribbeln deine Haut überzieht, als wäre sie
zufrieden
Die Härchen zu einer Decke der Dankbarkeit sich
wölben
Und die Wärme förmlich in sich spürt
Wo der Mensch noch gern mit sich spricht, und
niemals sein Versprechen bricht
Seines Gewissens und der Vernunft sich sicher ist
Und sich ihrer gern bedient
Obwohl das Falsche lächelnd vor dir kniet
Die Selbstachtung sich der Unschuld wahrt
Ein Häutchen sie umschließt
Unberührt, so jung wie zart
Man niemals sich vergisst
Im Bild des Wassers in das Strahlen seiner Augen
blickt
Die Liebe von innen nun nach außen drängt

Der Hoffnung Zuflucht zu gewähren
Ein jeder dir ein Lächeln schenkt
Um deines Glücks zu erfahren
Die roten Fasern im Hauch der Abendröte gastieren
und beschaulich schwinden
Dein Ohr sich der Stille hingibt und sich im Zirpen
mancher Streicher vergnügsam suhlend und bedürftig
windet
Welche Säule verrät den Weg für die Pferde, die die
Kutsche ziehen
Den Norden wissend, suche ich nach der Richtung ,
um mich mit der Tränke des Euphorischen zu stillen
Wie viele Schuhe brauch ich, wie tief muss die Sohle
sein
Die die Füße sorgsam tragen
Unter welcher Kirchen Pacht obliegt das selten
Wohlbehagen
Es ist näher als man denkt
Ohne eines Schrittes nur zu gehen
Zu schauen in sich selbst, und sich von neuem zu
verlieben.

Traurigkeit

Erzähl mir was von Liebe und ich erzähl dir was von
Einsamkeit
Sag mir nicht, jemand kümmert sich um mich, denn
ich kenne keine Geborgenheit
Deine Lippen flüstern: „Du bist nicht allein auf dieser
Welt"
Obwohl du weißt, dass niemand meine Hände hält
Versprich mir nicht, dass ein Herz nur für mich alleine
schlägt
Denn keiner wird mich lieben
Solange der Tag mit Einbruch der Dunkelheit fällt
Belüge mich nicht, indem du meine Nähe suchst
Denn ich werde mich verstecken und einfach gehen,
bevor du es tust
Warum weinst du, ich kann das nicht, denn mein Herz
ist so leer
Ich tu mir weh und füge mir Schmerzen zu, um die
Traurigkeit zu spüren
Denn Tränen kennen meine Augen schon lange nicht
mehr
Entschuldige nicht das Leben, weil es nichts gibt wofür
es sich zu leben lohnt
Rede lieber vom Sterben, meine einzige Hoffnung, die
mich mitnimmt
Indem sie mich nicht verschont

Du schreibst Bücher über den Sinn und dass alles in
sich weiter geht
Dabei habe ich das Ende der Welt nicht nur einmal vor
mir liegen sehen
Deine Worte sind weise und mögen einem die Zukunft
zeigen
Doch für mich ist es zu spät
Und keiner wird mich überreden hierzubleiben
Wo ist denn das Glück, von dem hier jeder spricht?
Wo finde ich es?
So wie es scheint, kennt es meinen Namen nicht
Es muss schon dutzende Male an mir vorbei gezogen
sein
Ließ mich stehen, wie alle anderen
Und zeigte mir, wie wertlos ich doch sei
Einen Sinn soll ich suchen, um meinem Leben wieder
einen Halt zu geben
In Wahrheit such ich das Ende
Doch ich finde es nicht, weil niemand imstande ist, es
mir ohne Schmerzen zu geben
Du nennst mir Gründe, die für das Kämpfen sprechen
Als hätte ich das nicht schon längst getan
Ich nenne dir doppelt so viele und du wirst verstehen,
warum ich diese Entscheidung traf
Soviele Stimmen reden auf mein Gewissen ein;
„Bitte geh nicht, wir werden dich vermissen"

Aber wo wart ihr, ich höre noch heute meine Seele um
Hilfe schreien
Seht ihr meine Traurigkeit denn nur dann, wenn ich
weine
Könnt ihr nicht zwischen den Zeilen lesen mit den
Worten die ich euch gab
Ich erzählte euch Witze, doch darunter beschrieb ich
euch eigentlich mein Grab
Meine Erzählungen brachten euch zum Lachen,
obwohl mir in dem Moment eigentlich nicht danach
war
Saht ihr nicht meine leeren Augen, meinen toten Blick,
während ich mit euch sprach
Sagt mir nicht dass die Freude sich mir irgendwann
zeigt
Mein Gesicht ist versteinert, nicht fähig zu lächeln
Ich will sie nicht, und das schon seit langer Zeit
Die Welt ist schön, nein, sie ist schon seit Langem
krank
Und hat mich angesteckt
Weil sie unter vielen anderen keinen Sensibleren dafür
fand
Glaubst du an das Gute, wenn du die Geschichten
unserer Väter hörst
Mit welcher Schuld sie leben
Denn sie haben so viele Seelen und ihre Häuser
zerstört

Kannst du den Krieg und dessen Blut denn immer
noch nicht verstehen
Wie viele Felder willst du denn noch brennen sehen
Bevor du dir die wahre Natur des Menschen
eingestehst
Dass er zu feige ist und zu schwach, um einfach mal
zu seinem Gewissen zu stehen
Ich kann die Verbrechen dieser Erde nicht mehr
ertragen
Bringt mich endlich heim
Ich habe sie gefunden, die Stufen zur meiner inneren
Zufriedenheit.

Sich schuldig fühlen

Schuld kennt jeder, doch nicht alle können damit leben
Denn sie verfolgt uns, egal wie oft wir um Vergebung
flehen
In unsere Seele gebrannt, besiegelt und für immer da
Verurteilt auf lebenslänglich, ein Gefangener, Jahr für
Jahr
Verdonnert im Leben niemals wieder unbefangen zu
sein
Immer hört man im Hintergrund eine Stimme weinen
Daraus die Worte zu entziffern fällt einem nicht
schwer
Denn man kennt sie bereits in- und auswendig
Wann vergeht das endlich, ich kann einfach nicht mehr
Das Gewissen kann sich davon selbst nicht befreien
Es ist unheilbar krank, und muss deswegen unentwegt
schreien
Ein Fehler war es, nur ein einziger
Der das ganze Haus zum Einsturz brachte
Und der Lebenswille dem Gewicht der Schuld nach
und nach erlag
Es bedingt manchmal nur Sekunden, dem Schicksal
den falschen Weg zu geben
Aber um dafür zu büßen, braucht man oftmals ein
ganzes Leben
Und wenn du nur einen Moment genießt und in Glück

verbringst

Dauert es nur wenige Herzschläge, bevor du wieder in Trauer und Wut versinkst

Denn es ist egal, wie sehr du dich dagegen wehrst, du bist von Schuld geprägt

Und schwimmst wie ein Stück Holz im Ozean, das mit der Brandung immer wieder gegen den Felsen schlägt

Es war höhere Gewalt, weswegen ich mich dem Schicksal fügte

Versuchte ich mir einzureden, doch es war nicht die Pistole, die nach kurzer Überlegung den Abzug selber drückte

Ich war nicht betäubt, ohne Bewusstsein oder einfach nur krank

Erzähl mir, wann handelt man und lenkt sein Verhalten

Jenseits seines eigenen Verstands?

Keiner von uns wirft einfach so mal eben einen Stein

Zielt mit seiner Hand, lässt ihn los aber leider nicht fallen

Doch du bist nicht der erste, der sich der Verführung hingibt, aber wirst auch nicht der letzte sein

Den Anfang machte bereits Eva im Paradies und nur kurze Zeit später wurde Abel erschlagen

Durch seinen Bruder Kain

So steht jeder Mal vor der Versuchung den bequemen Weg zu gehen

Denn es ist schwieriger sich zu beugen
Und für seine Überzeugung einzustehen
Es ist, als würdest du dein Kind mit Liebe und
Verständnis erziehen
Um ihm in einem schwachen Moment mit harten
Schlägen die Kindheit zu nehmen
Es vergeht keine Nacht, in der ich nicht von Frieden
träume
Um am Tage danach wieder die Gräben mit Erde zu
füllen
Die meine eigene Schwäche rissen, unterschrieben mit
dem Einverständnis meines eigenen Willens
Doch meine Hände sind zu klein, um die Löcher
wieder mit Sand zu ebnen
Und egal wie oft ich danach meine Finger mit
Unschuld wasche, der Schmutz geht, aber die Reue
bleibt kleben
Man kann dem ein Ende setzen und sich nach
Erlösung sehnen
Doch du solltest wenigstens die Lehre mit Würde und
Anstand nehmen
Und bis zum letzten Atemzug für deine Sünden
gerade stehen
Auch wenn es nichts mehr nützt, und die Erde sich
deswegen nicht in eine andere Richtung dreht
Möchte ich mich trotzdem dafür entschuldigen, auch
wenn es mir danach nicht wirklich besser geht

Es tut mir leid was in jenen Tagen mit mir geschah
Mit welcher Gleichgültigkeit meine Augen in die
deinen sahen
Überzogen von Überheblichkeit, die deine Gespräche
ignorierte
Lügen aussprach und dabei die Wahrheit suggerierte
Ich erkannte nicht den Wert unserer langjährigen
Verbundenheit
Schätzte ein neues Abenteuer höher ein als Treue und
Ergebenheit
In vielen Jahren werde ich verstehen, warum ich in
diesem Moment versagte
Und alles, was mir lieb und teuer war unter meinem
Dach verjagte
Es ist zu spät, sich an jenen Ort zurück zu wünschen,
an dem alles begann um daraus zu lernen
Denn die Wege dahin sind verschwunden
Und werden leider niemals wieder kehren.

Wie eine Blume im Regen

Die Tage wurden länger und der Geruch des Frühlings
verzauberte das Land
Als du deine Wurzeln schlugst und etwas Besonderes
im Boden der Erde entstand
Es schien als ob ein Engel selbst den Samen in der Erde
vergrub
Und die Natur in dem Moment etwas Einzigartiges
erschuf
Das Wasser, das aus dem Grund empor nach oben
stieg und das nahrhafte Licht, das die Sonne gebar
Zogen den kleinen Sprössling groß
In einer Art und Weise, die der Hingabe der Natur
eigentlich so nicht entsprach
So sorgte das Erdreich dafür, dass es dir nicht an
Wärme fehlt
Die Pflanzen genügend Abstand hielten, damit das
Blumenkind nicht in ihrem Schatten steht
Selbst die Wolken zogen über dir auf und schauten,
dass auch immer genügend Wasser fiel
Jeder Stein und jedes Insekt war in Sorge und behütete
dich, dass auch niemand deine Jugend stiehlt
Indem er dich bricht, herausreißt und einfach mit nach
Hause nimmt
In ein leeres Glas stellt und dich ohne jegliche
Zuwendung vertrocknen lässt

Oder dich lieblos zu pflücken und dir wertlos den
Rücken zuzukehren
Und verstaubt auf einem alten Dachstuhl in einen
Bilderrahmen zu sperren
Denn sie war ein Märchen, indem durch viele kleine
Knospen geheimnisvolle Blüten entstanden
Entfaltung fand und eine Vielzahl von Bienen um
ihren Nektar baten
Gedrängt von Rosenduft, ein Geschenk der Gärten die
dich tarnten
Um die Rehe und die Bewohner der Wälder vor
deinen Dornen zu warnen
Ein jeder war voller Tatendrang um dich zu hüten
Dich zu schützen, zu unterhalten oder dir einfach ein
wärmendes Beet zu bieten
Wie die Grille die als Dirigent einsprang um mit ihrem
Orchester deine Sinfonie zu zelebrieren
Geschmückte Vögel balzten, sangen, feierten ein Werk,
das sie einzig und allein für dich komponierten
Der Flieder und die Sträucher in allen Farben die
Wände deines Schlosses trugen
Der Hauch der Dämmerung dich jeden Abend,
einfühlsam in den Schlafe wog
Und fürchte dich nicht Blümelein, sollten
Gewitterschwaden den sichelförmigen Himmelskörper
verdecken
Versenke nicht dein Blätterdach

Glaube an dich selbst und deinen Mut, und du wirst
sie kraft deiner Gedanken ins Abseits lenken
Möge der Mann im Mond mit seiner Laterne dir auf
ewig seine Kerze schenken
Du brauchst deinen Stängel niemals zu verbiegen
Und musst deine Blätter niemandem entgegen
strecken, nur damit sie dich lieben
Das Geheimnis des Selbstwerts liegt darin, dass man
sich selber nicht mag, obwohl alle anderen einen
vermissen
Oh mein Blümelein gib dich niemals deinen Zweifeln
hin
Sei erhaben über dich selbst und alle anderen
Sieh auf einen von Menschenhand geschnittenen
Baum, wo der Schoß der Bewohner seine Ruhe fand
Das Dorf sich alltäglich versammelte und staunte
Sie widerstanden dem Gewitter
Denn ein Jedermann die Hoffnung erlesen in dir
wieder sah
Denn du bist die Frucht meiner Lenden mein eigen
Gewächs und Kind
Und wie eine Blume im Regen
Wobei du die Blume und ich dann wohl der Regen bin.

Sand der Zeit

Sand rieselt durch meine Finger
Ich fühle wie die Zeit vergeht
Jedes Korn enthält Erinnerungen
Meine Hände die sich verschließen
Versuchen das Geschehene wieder aufzufangen

Mit jeder Sekunde tropft das Gestein
Fällt nach unten durch die samtweiche Haut
Bahnt sich seinen weg wie ein Stück Beil
Denn sie fließt
Vom Morgen bis zum Morgengrauen.

Sieh nur, wie der Wind den Sand verstreut
Bevor er auf die Düne fallt
Als wäre alles belanglos, geradezu unbedeutend
Als würde das Vergangene zur Seite treten
Um den Moment zu durchleuchten und als etwas
Besonderes hervorzuheben.

Ein Wirbelwind saugt den Staub nach oben
Als würden Erinnerungen verfliegen
Dich umgeben und über deine Sehnsüchte siegen.
Mit einem Kescher verlangst du danach
Nach dem Sand in der Uhr, nach der Uhr ohne Glas

Am Boden liegen Stücke eines Bildes
Die in Regen in Schlamm und Erde übergehen
An dem ich an einem Feuer lag
Und zwei Menschen sich am brennenden Holz
gegenüber saßen
Und für immer zueinander fanden

Wie sehr sehne ich mich nach dieser Zeit
Doch beim Heben dieser Bilder
Zittern meine Arme
Denn in der Erde liegt die Schwere der Vergangenheit
Die für immer als unerreichbar erscheint

Doch im Fall des Sandes wird mir klar
Nicht im Gestern liegt die Hoffnung
Sondern in den Träumen in der Nacht
und auch am Tag
Es ist der Wunsch in sich, so stell ich fest
Der der Antrieb in uns selbst und der Puls
des Lebens ist.

Die Sprache der Liebe

Es ist schon schade wie überzogen der Wert der
Sprache ist
Wie wir uns täuschen lassen und deswegen so manch
fragwürdige Entscheidung treffen
So ist es die Liebe, die sich melancholisch zeigt
Zu oft musste sie vernehmen wie wir zu der Sprache
neigen
War sie doch so überzeugt davon dass das Zeugnis in
der Eitelkeit liegt
Und nicht das Wort über unser Wohlgefallen siegt
So reicht dein Lächeln nicht aus, wenn dir die
Gedanken das Falsche soufflieren
Denn so rückst du ferner von ihr, als die Vergessenheit
liegt
Und du sie wirst sie niemals berühren
Doch selbst die Bestimmung folgt einem Rahmen
Sobald du versuchst eine Rolle zu spielen
Vergisst du, wer du bist
Und verkaufst dein teures Selbstwertgefühl
Wir leben lieber das Leben eines anderen, als uns
selbst zu akzeptieren
Halten uns selber klein
Indem wir uns für vermeintlich Stärkere faszinieren
Wir erkennen das Besondere in Menschen die wir
lieben

Suchen aber niemals die Reflexion in uns selbst
Um die Zufriedenheit zu spiegeln
Irgendwann kommt der Punkt, wo Gefühle
beschrieben werden
Die man fernab von Worten findet
Dimensionen die den Verstand verlassen
Und der Auslöser von unbeschreiblichen Schmerzen
sind
Wenn du nicht reden kannst, dann suche jemand der
im Stillen lebt
Bist du schüchtern dann finde jemand der alleine steht
Keinem ist man näher, als jenen
Mit denen man ein ungezwungenes Gespräch am
Abend verbringt
Eine Sehnsucht nach Zufriedenheit und
ausgeglichenem Befinden
Reden ist ein Zustand, der der Vertrautheit erliegt
Doch erkennt man im Schweigen, wen man wirklich
liebt.

Ich brauche dich

Ich sehne mich nach dir, in einem verschlossenem
Raum
Mit einem Schloss ohne Schlüssel zu einem seltenen
Traum
Hier findest du weder Schrift noch ein gesprochenes
Wort
Nur mich allein an einsamen Ort
Unbekleidet auf einem hölzernen Stuhl
Trage ich nichts am Leibe außer der Schuld
Hier sitze ich und schau in einen Rahmen ohne Glas
In ein Bild an der Wand aus Leere gemalt
Ein Gemälde, das über die Sehnsucht klagt
Es fragt nach dir, ob bei trüber oder glasklarer Nacht
Ich schau auf den Anstrich und suche nach dir
Nach einem Pinselstrich, unter der sich deine Seele
verbirgt
Nach einem Lächeln auf der Wand, das den Mörtel
färbt
Nach einer Vertiefung von deinem Gesicht im
Mauerwerk
Doch das Bild bleibt so blass, als wärst du in einer
fernen Welt
Das erlischt wie ein brennendes Streichholz in der
klirrenden Kälte
Dessen Feuer in deinem Eis gefriert

Eine Flamme, die ohne deine Lunge ihren Atem
verliert
So sehe ich aus dem Fenster, wie der Regen fällt
Blicke durch die Dunkelheit in mein eigenes
Spiegelbild
Fühle mich wie ein Heimatloser auf der Suche nach
einem Unterdach
Weil ich dich brauche wie der Fluss das Haus, das
über die Auen wacht
Dessen Wasser von den Gletschern fließt
Während das Eis beginnt zu tauen
Die Ströme über die Dämme steigen
Und die aufkommenden Wellen sich dem Ufer
anvertrauen
Um mir beim Spaziergang zum wachenden Haus
Davon zu erzählen, dass du mich nie wieder brauchst.

Ich warte auf dich

Da, wo der Wasserfall sich im Nirgends verirrt
Die Streifen am Horizont sich verlaufen
Wilde Tiere ihre Fährte verlieren
Sitze ich auf einem Baumstamm und warte auf dich

Da, wo die Gedanken nicht mehr weiter fliegen
Die Wege sich nicht mehr scheiden
Verstorbene auf die Menschheit blicken
Sitze ich auf einem Baumstamm und warte auf dich

Da, wo der Hunger und der Durst nur noch leise
Worte sind
Fragile Gefühle nicht wie Glas zerspringen
Nichts mehr unerreichbar erscheint
Sitze ich auf einem Baumstamm und warte auf dich

Da, wo das Glück die Menschen findet
Alte Wunden nicht mehr reißen
Ein ruhender Ort dich auf ewig bindet
Sitze ich auf einem Baumstamm und warte auf dich

Ich warte, denn ich brauche dich
Im Hier und Jetzt und überall
Auf einem Baumstamm, der nicht älter wird
Warte ich auf deine Seele in der Ewigkeit.

Ein Becher aus Hoffnung

So lebe ich hier, so lebe ich da
Während meine Gefühle auf mir reiten
Lebe in der Ferne, niemals nah
Weil meine Ängste mich begleiten

So trink ich, damit ich in der Ferne bleib
Allein aus vielen Bechern
Damit ich über Berge steig
In einem Sarg aus 1000 Löchern

So zieh ich durch das Gebirge
Weil ein Berg sich nach dem anderen reiht
Sehe das Innere von Dauben
Und kann mir selber nie verzeihen

So legte ich ein Gelübde ab
Hier für immer zu verweilen
In einem Feld aus Gerstensaft
Lebe ich wie ein Bauer von dem Weizen

So steht ein Kreuz auf jedem Hügel
Deren Pfeile richten sich zur Heilung
Ein Pfad, der einen Ort beschreibt
An dem die Sorgen für immer schweigen.

So sieht man sich doch wieder

Ich sah dich als Kind im Sande spielen
Geflochtenes Haar getragen durch den Sahara Wind
Wie gern war ich ein Kind, um nur mit dir zu spielen
Du gingst immer dann, wenn der erste Regen fiel.

Ich sah dich als Mädchen die Tasten spielen
Mit samtig weicher Haut getränkt in Öl von Mandeln
und Oliven
Wie gern war ich ein Junge, um zu hören, wie die
Noten klangen
Du gingst immer dann, wenn die Geigen ihr Spiel
begannen

Ich vernahm, wie du als Frau dein Kind gebarst
Das Kind erhob sich am Ende eines Blütenbachs
Wie gern wär ich dein Freund gewesen damit du nicht
alleine bist
Dich zog es fort als die Knospen zum Lichte traten.

Ich sah dich als Greisin im Walde spazieren
In deiner Grazie wohlbehalten
Ich habe gehofft, dass wir uns in die Arme fallen
Doch dein Lächeln war verhalten

Ich sah dich als Kind im Jenseits spielen
Mit einem Lächeln voll der Zierde
Wie gern sah ich dir beim Spielen zu
Es war genau wie früher.

Der Ausblick

In den Spitzen der Tannen durchdringt der Schein
In der Silhouette des untergehenden Lichts
Auf den Balken, die die Dächer tragen, fühle ich mich
frei
Im beruhigenden Rauschen der Blätter, in einem Bild
vom Meer und seiner Gicht
Inmitten meiner Gedanken, die sich verlangsamen
Verbreiten sich Schwingungen des Streits
Vernehme ich die Stimmen der Häupter, nur ohne
Gesicht
Auf einer Leinwand, wo der Vorhang fällt
Bin ich auf der Suche nach der Wolke und der Krähe
Sitz ich in einem Theater ohne Bühne
Das einer Ode an die Schöpfung ähnelt
Unter dem Geräusch der Reifen, die die Spalten
passieren
Vernehme ich die Stimmen der Häupter, nur ohne
Gesicht
Der ruhende Himmel, die Wiege der Nacht
Der Wind, der mir fehlt durch die Wände des Obdachs
Ein Räuspern hier und da, man kann nur erahnen,
woher es kam
Zieht mich die Romantik des Mondes in seinen Bann
Geräusche von Gleisen, die fortwährend klingen

Vernehme ich die Stimmen der Häupter, nur ohne
Gesicht
Gänsehaut überzieht mein Gemüt
Durch Donner und durch Blitz
Eine dunkle Schwade wirft die Helligkeit der Fabriken
zurück
Eine Haube der Überheblichkeit, die die Dunkelheit
frisst
Vernehme ich die Stimmen der Häupter, nur ohne
Gesicht
So sitze ich hier unter meinem Himmelszelt
Entlädt sich in der Ferne der Lauf des Gewehrs
Beobachte unsere wunderschöne Welt
Und denke drüber nach
Wie viel schöner sie ohne Menschen wär.

Der Winter

Wenn das Laub der Bäume ihren Glanz verliert
Und der Strom der Bäche so langsam gefriert
Weil die Sonne zur Erde auf Abstand geht
Und der Vogel mit seinem Instinkt eine andere
Richtung einschlägt
Dann sieht man den Herbst in seinem Wagen fahren
Und es ist Zeit auf Wiedersehen zu sagen
Der Winter hält Einkehr und umhüllt die Wiesen mit
weißen Decken
Dadurch können Bäume und Pflanzen sich besser vor
der Kälte verstecken
Und unser Väterchen Frost arbeitet mit voller Kraft
Und verwandelt Berge und Täler in seine weiße Bracht
Beim Spaziergang fängt man an von Träumen zu
erzählen
Während funkelnde Lichter über dem Horizont
erscheinen
Die Liebenden erliegen den romantischen
Atmosphären
Indem sie sich ineinander kuschelnd vor dem Ofen
erwärmen
Sogar die Kinder haben in diesen Tagen ihre Freude
Und rollen aus dem Schnee die Winterleute
Begeistert formen sie aus vielen Flocken kleine Bälle
Die treten dann fliegend an des Zwergen Stelle

Der Weihnachtsmarkt trommelt alljährlich zum Besuch
Dort angekommen vernimmt man einen süßen und
einladenden Geruch
Während die Erwachsenen ihn in Wein und heißem
Grog entdecken
Sich die Kleinen nach Zuckerwatte und Mandeln
strecken
Das Karussell mit seinen Ponys und den kleinen
Automobilen
Ermuntert laufen sie dann noch zum Spielen.
Und mit ein bisschen Glück und etwas Demut
Sitzt man dann lachend auf dem Mann mit dem
Weihnachtshut
So schmückt man den Markt mit möglichst viel
Wärme, glänzenden Kugeln und grünen Tannen
Unter dem Christstern die Schäflein von jeher zu
einander fanden.
Um in Richtung Himmel schauend Gottes Sohn Jesus
zu besingen
Und sich gemeinsam auf die Stille Nacht
einzustimmen.
Auf den Bergen sieht man auf hölzernen Leisten
Schneemenschen sich bewegen
Die sich schlangenartig und sich kreuzend in die
Ebene begeben.
So sieht man mit Wolle bedeckte Händchen den Hügel
hinunter gleiten

Die gleichen die später Gleichgesinnte mit gefrorener
Nässe einseifen
Auf dem Gipfel lässt der freie Himmel einen Blick auf
starre Wälder und Teiche gewähren
Die das Gemüt zu Ausgleich und Zufriedenheit
bekehren
Beim genauen Hinschauen kreisen kleine Punkte auf
dem vereisten Wasser
Als würden sie sich auf einer Klinge bewegen
Und dabei die Gesetze der Natur aus den Angeln
heben
Die Schlittschuhe schneiden Spuren in die
zugefrorenen Seen
Man muss die dabei bereitete Wonne eigentlich nicht
erwähnen
Manch einer verfolgt dabei ein so großes Talent
Dass man ihn im Wettbewerb zum Stern des Tages
ernennt
So kann jeder in dieser Zeit auch Freude empfinden
Und nicht nur einmal im Jahr unter den blühenden
Linden.

Depression

Was ist falsch, was ist nur los mit mir?
Irgendwas verstimmt mein inneres Klavier
Wo sind nur all die schönen Gedanken?
Was verweist mich in die Schranken?
Nur noch schlechtes zu sehen in meinem Leben
Werde ich mich bald selbst aufgeben?
Die Hoffnung fühlt sich an wie trockene Trauben und
wer wagt es sich zu erlauben?
Mich meiner Erinnerung zu berauben?
Wo ist die Wärme, wo das Licht?
das mich normalerweise umgibt?
Alles ist so leer und trostlos
Schmerzhaft, grau und einfach sinnlos
Wer kann mich retten, wer auffangen?
Wann hab ich den Fehler denn begangen
Meinem Leben einen Weg zu geben
Mich in eine Situation zu heben?
Die mich heute macht so krank
Als wäre es mein Untergang
Meine Existenz besteht zur Zeit
Nur aus Frust und Untätigkeit
Sobald ich mich dem Bett entfleuche
Denke ich direkt, ich hab die Seuche
Nur einen Meter gehend auf dem Flur
Und ich schau schon auf die Uhr

Bin ich jetzt schon in Paris
Soweit der Weg, Mann, ist das fies
Ich fühle mich wie ein alter Stein
Ich muss von irgendwas besessen sein
Ist es weltlich oder kirchlich?
Ganz egal, es ist unwirklich
Realität, wo bist nur?
Im Urlaub oder einer Kur?
Komm zurück, ich brauche dich
Hier und heute hoffentlich
Werde ich keine Antwort kriegen?
Wird sich mein Geist wohl so verschieben
Dass ich niemals werde erwachen
Aus jedem Tag etwas Schlechtes machen?
Das Licht des Tunnels niemals sehen
Mein Verstand für immer von mir gehen
Wo ist sie hin die Energie?
Die mich bracht an jedes Ziel
In den Leuten etwas zu entfachen
Der Reihe lang sie bracht zum Lachen
Optimismus zu verbreiten
Eine meiner Eitelkeiten
Nie aufzugeben, dafür stand ich
Zu scheitern war fast unheimlich
Selbstbewusstsein strotzte in den Augen
Manchmal konnte ich selbst kaum glauben
Und heute sieh mich an, wer bin ich?

Nur ein Schatten, niemals glücklich
Von Angst zerfressen, feige, klein
Wie kann man nur so hilflos sein?
Das Gefühl des Selbstwerts ist im Keller
Ständig neue Tabletten auf meinem Teller
„Das wird schon" sagt man hier andauernd
Zu einem in der Ecke kauernd
Hört ihr euch auch selber zu?
Ich kann es nicht mehr hören, lasst mich in Ruh
Ich bin schon in der Psychiatrie
Tiefer komm ich wahrscheinlich nie
Denkt man sich beim ersten Mal
Die Pforte der Heilung, die reinste Qual
Komische Fälle sieht man hier und dort
Kriminelle Kranke an jedem Ort
Später gesteht man sich dann ein
Sie sind wie du, halt nur allein
Irgendwann drängt die Frage dann nach außen
Sind die Kranken drinnen oder draußen?
Ganz unberechtigt ist die Frage nicht
Sieht man das alles im neuen Licht
Der Unterschied zwischen hier und draußen
Ist die Art sich zu berauschen
Zugegen gibt es halt jeden Tag Tabletten
Draußen Alkohol und Zigaretten
Dann den Joint noch abends zu
Drinnen mit Tavor komm ich nur zur Ruh

Eigentlich dem hier sehr ähnlich
Man muss schon sagen, ziemlich dämlich
Das Grübeln ist das Schlimmste in der Zeit
Macht dich fertig, macht dich bereit
Für die ersten Wege zu jenen Nöten
Dich dazu bringen, dich selbst zu töten
Man will es gar nicht, man wehrt sich dagegen
Aber eigentlich hält einen nichts mehr am Leben
Den Schmerz zu beschreiben, ich kann es versuchen
Es ist als würde dir jemand die Seele herausreißen
Nur noch Todesängste um dich kreisen
Der Kopf der brennt, es ist wie ein Gefrieren
Die Wahrnehmung wird sich immer mehr verlieren.
Panik in jeder deiner Adern fließt
Der Wahnsinn wird dich bald begrüßen
Die Gefühllosigkeit fährt immer mehr fort
Wie ein Untoter nach der Geburt
Der verloren hat sein ganzes Empfinden
Schmerzverzerrt in sich selber windend
Den Verlust des Ausdrucks bindend
Weinen, lachen, den Partner berühren
Noch nicht mal fähig sich selbst zu spüren
Die Blicke in die Leere starrend
Unter Spannung, Strom verharrend
Vom inneren Druck des Leidens karrend
Die Reise in das Nichts dann fahrend
Der Angeklagte heißt Depression

Jeder sagt, sie widerfuhr ihm schon
Doch nur die Wenigsten wirklich wissen
Wie es ist, das Gemüt zu missen
Es ist die Laune, die ihr nennt
Die nun wirklich jeder kennt
Die ist mal schlecht, mittel oder gut
Sie verhält sich wie die Ebbe und die Flut
Liebeskummer, so die These
Führt noch lange nicht zur Anamnese
Der es verlangt ein Attest
Das es in sich bestätigen lässt
Das man nun dazu gehöre
In den Kreis der Gesellschafts-Saboteure
Die wohl von Arbeit nicht viel halten
Auf der Tasche liegen bei den Alten
Den Staat erpressen auf jeden Cent
Bis morgens in die Puppen pennt
Wie die bekommen jeden Monat Rente
Ist das etwa eine Ente?
Die sind doch gerade mal im mittleren Alter
Legen die nur um den Schalter
Bis der Gelehrte ihnen unterzeichnet
Sie sind ab heute nicht mehr geeignet
Um als Steuerzahler zu verkehren
Das soziale System zuverlässig zu ernähren
Sie sind halt faul, so das Klischee
Bei den Freunden tut es dann richtig weh

Die, die dir am nächsten standen
Selbst die unersetzbaren Verwanden
Unterstellen das Darstellen des Fiktiven
Die Ursache müsse im Versagen liegen
Das Bilderbuch des klinischen Patienten
Mit seinen nervösen, inhaltlosen Händen
Kann man malen in allen Schichten, sogar welch Ironie
Beim Promovierten in der Psychiatrie
Hat die Feder noch genügend Farbe
Mit einem Lächeln und voller Hingabe
Malt er den Menschen, der sich nun selber spiegeln muss
Auf sich zu projizieren, wo für er jahrelang studierte
Andere Menschen geduldig therapierte
Mit ihren Befürchtungen langsam konfrontierte
Die baldige Genesung überzeugend suggerierte
Mit seinem Wissen Tag ein Tag aus hofierte
Nun ist er selber Opfer der pharmazeutischen Maschinerie
Tabletten mit anderen Tabletten verbindenden Industrie
Deren Verpackungsbeilage stellt jeden Hypochonder in den Schatten
Manche Symptome hatten noch nicht einmal die Ratten
Tja nun ist er selber Teil der Melodie
Der von der Natur geschriebenen Melancholie

Sie besingt die Individuen aller Zeiten
Die auf dem Pfad der Dämonen reiten
Reichhaltig an Tönen und auch Noten
Summt der Wind von lebenden und vielen Toten
Egal ob Juristen, Künstler, Lehrer oder Rechtsanwalt
Keiner entkommt den Schlingen der Nervenheilanstalt
Psychosen, Stimmen, Halluzinationen
Gemixt in einer Schale aus sämtlichen Variationen
Burnout, Trennung, Drogen, Zwänge
Aufzählen könnt ich jede Menge
Der Mutter fehlt es nicht an Inspiration
In ihrer eigenen vollendenden Kreation
Doch für die Bausteine sorgt der Auftraggeber
Fragt mal die verlorenen Kinder der englischen
Erdbeerfelder
Manchmal fängt man an zu weinen
Wenn man die Geschichte hört von denen, die
vergewaltigt wurden sind
Misshandelt, gebrochen, und das schon als Kind
Sie hören noch in der Gegenwart, wie einst das Glas
zersprang
Als die Fassungslosigkeit nach Atem rang
Der erniedrigte, entgeisterte Blick, die kalten Augen
des Erziehenden kreuzte
Der wie mit einem Messer immer wieder in sie
einstach
Als er sich wieder und wieder über sie beugte

Mit seinem ekelhaften, verschwitzten Körper
Wurde er in dem Moment zum seelischen Mörder
Man kann versuchen, die Scherben zu kleben
Doch die Risse wird man trotzdem sehen.
Und wenn der Wind nur für eine Minute schweigt
Und die Nacht sich für kurze Zeit vom Lärm befreit
Dann lausche in die Ferne
Denn man hört sie immer noch schreien
Erkennt ihr nun das Problem
In unserem ach so tollen System
Wo Mobbing, Schläge, Terror, Krieg
So viele Wesen in die Verzweiflung trieb
Hier würden nicht so viele sitzen
Wenn wir uns nur halfen, uns gegenseitig zu
beschützen
Liebe, Verständnis, Toleranz und Frieden des
Establishment
Ist das einzige was wir brauchen
Das ist das einzige, und das wahre Medikament
Und was ist die Moral von der Geschicht?
Die gibt es leider nicht.

Vergebung

Vergib mir Gott dass meine Gedanken so selten bei
ihnen waren
Verzeih mir, dass ich nicht die richtigen Antworten auf
die Fragen des Lebens fand
Verklagt mich nicht, weil ich mich nichts änderte,
sondern lieber eine neue Welt erfand
Entschuldigt mich dass ich nicht schwimmen lernte
sondern lieber in meinem eigenen Selbstmitleid
ertrank
Verurteilt mich nicht auch wenn ich die Kristalle, in
denen sich das Licht auf so geheimnisvolle Weise
bricht, so schnell vergaß
Sie funkeln noch heute und zeigen mir Hoffnung, Halt
und alles, was dich einst umgab
Zeigt nicht mit dem Finger auf mich, weil ich nach
etwas suchte, obwohl ich schon längst das Wasser aus
dem Kelche trank
Vergebt mir, dass ich ihn danach wieder vergrub, weil
er nicht aus Gold war, und meinem eigenen Bildnis
entsprach
Tragt mir nicht nach, dass ich vor dem Nichts stehe
dessen Architekt meine eigenen Verfehlungen waren
Erhebt keine Anklage gegen mich, dass ich nur noch in
die Vergangenheit blicke, als das Leben noch einen
Sinn ergab

Unterstützt mich auf meiner Suche nach dem
Schuldigen, an dem man seine Wut und seinen Zorn
entlädt
Seht nur, wie ich in den Spiegel blicke und er dabei in
1000 Scherben zerfällt
Begleitet mich auch, wenn ich entgegen meiner
Verantwortung bereits zwei Münzen in den Händen
hielt
Und den Fährmann um einen Platz neben seinem
Ruder bat
Ich entschuldige mich, dass ich das Glück schon vor
mir sah
Und nicht vernahm, meine Augen verschloss, als wäre
ich blind
Und die Straßen als leer ansah, obwohl sie voller
Menschen sind
Dreht euch nicht um, da ich es nicht schaffte sie los
zulassen, und sie geleitet zu einer Erinnerung verkam
Seht mich nicht verständnislos an, weil ich auf mein
Herz hörte und nicht auf meinen eigenen Verstand
Helft mir zurück zum Anfang zu springen und mein
eigenes Selbst zu finden
Denn ich bin nicht, wer ich bin und erkenne nicht den,
der ich einst mal war
Ich fühle mich, als hätte ich meine eigenen Werte
verraten
Weil ich in der Wahrheit eine Lüge sah

Sieh durch den Nebel, der der Brunnen der Erde ist,
hinauf zum Dach der Welt
Kannst du die Engel in der Ferne fliegen sehen?
Wie sie mit ihren Flügeln spielen und mit ihrer Anmut
der Gesamtheit den Atem nehmen?
Wie sie harmonisch tanzen, majestätisch auf und ab
gleiten, als wenn sie über allen Dingen stehen?
Ihre Gesänge bis zu den Pforten der Unfehlbarkeit
reichen
Und deren Klang in ihrer Vollkommenheit alle
Mauern bis zum Jenseits zerbrechen
Wenn der Tag die Augen verschließt, rufen Sie nach
dir
Verführerisch beschwören sie dich, ähnlich einer
Jungfrau, die dich deiner Enthaltsamkeit berauben will
Doch hinter dem Lächeln, das ihr Gesicht verhüllt,
verbirgt sich nur ein Gedanke, der dir den Übergang
zum Tode befiehlt
Jeden Tag hör ich ihre Stimmen, mögen sie doch im
Nirgends verhallen
Bleib ich doch dem Diesseits treu, um endlich für
meine Fehler zu zahlen.

Immer bei Mir

Würde der Weg eben und befestigt sein

Dann würde ich sagen, du bist der Pflasterstein

Wenn der Schnee den Pfad würde verschließen

Würdest du vor mir als Eisschmelze fließen

Wenn der Wald in meiner Richtung läge

Wärst du der Baum, der mir den Schatten gäbe

Und wenn die Straße zu deinem Herzen würde führen

Dann würde ich Sie mit Liebe asphaltieren

Ganz egal wo lang ich gehe

Ich verspüre immer deine Nähe.

Es war mehr als nur ein Wort, als ich dir meine Liebe versprach

Es war mehr als nur ein Versprechen, dass ich dir mit meinem Herzen gab

Es war mehr als nur eine Gabe, als ich diese Zeilen für dich fand

Und es war mehr als nur eine Suche, an deren Ende deine Seele stand

Ich sah so viel in dir, dass ich mich heute frag

Waren es die Ängste und die Schmerzen wert?

Sah ich in dir eine Bürde oder ein Geschenk?

Was auch immer ich in dir sah

Es war mehr als nur ein Mensch.

Zeitfracht Medien GmbH
Ferdinand-Jühlke-Straße 7
99095 Erfurt, Deutschland
produktsicherheit@kolibri360.de